DISCOURS DE RÉCEPTION

DE

M. L'ABBÉ LANGLOIS,

contenant

LA REVUE DES MAITRES DE CHAPELLE ET MUSICIENS DE LA MÉTROPOLE DE ROUEN,

Prononcé dans la Séance du 28 Juin 1850.

MESSIEURS,

Dans votre dernière séance solennelle (1), dont le souvenir restera toujours gravé dans mon cœur, vous avez bien voulu ouvrir cette enceinte à la musique de notre métropole, et encourager ses essais par des applaudissements et des lauriers. Aujourd'hui, en m'accueillant avec tant d'indulgence parmi vous, vous me décernez un honneur qu'elle partage avec moi. J'essaierai d'acquitter la dette de la reconnaissance, en retraçant sommairement l'histoire du chant et de la musique dans notre église métropolitaine.

Le plus ancien monument littéraire de Rouen, le discours de Saint-Victrice à la louange des saints, nous montre l'usage du chant ecclésiastique et de la psalmodie, en pleine vigueur dans cette ville à la fin du IVe siècle.

---

(1) Séance publique de l'Académie, le 16 août 1849.

Lorsque ce saint évêque déposa les reliques du martyr Gervais dans l'église qu'il avait lui-même bâtie, des troupes de fidèles, des colléges de moines et de vierges y entonnèrent des cantiques sacrés, et de nombreux enfants la firent retentir des sons joyeux de leurs voix innocentes (396) (1).

La renommée du chant rouennais avait même passé les monts avec le nom de Victrice : « Votre ville, lui écrit « Saint-Paulin de Noles, était à peine connue jadis, même « des pays voisins. Aujourd'hui nous l'entendons citer avec « éloges dans des provinces lointaines, et comme une « des cités les plus riches en édifices sacrés. Chaque jour « dans des églises nombreuses et de pieuses solitudes, « votre troupeau réjouit le ciel *par les concerts harmonieux « de la psalmodie* (2). »

Que dans ces temps reculés, on mêlât le son des instruments aux chants liturgiques, au moins dans les plus célèbres églises, c'est ce que les poèmes de Fortunat ne permettent guères de révoquer en doute. « D'un côté, dit cet évêque, « l'enfant mêle sa voix douce et perçante aux instruments « bruyants, de l'autre, le vieillard pousse de son gosier une « voix large et éclatante comme la trompette. Le bruit des « cymbales se marie aux sons aigus des instruments à « vent, et la flûte fait entendre ses modulations variées ..

(1) Hinc monachorum caterva... Hinc illibatarum virginum chorus... Hinc innocentium puerorum sonora lætitia... Psalmorum verba libemus.. Sacræ virgines, Psallite! Psallite! (Sancti Vitric. Rothom. archiep. Liber de Laude sanctorum... retrouvé par Dom Mabillon, dans la bibliothèque de l'abbaye de St.-Gal., édition de l'abbé Mignot, Auxerre 1769, p. 75 et suiv.)

(2) Quotidiano sapienter psallentium per frequentes ecclesias, et monasteria secreta, concentu. (Paulini ad Victric. epist. apud Mabillon, de Cursu Gallicano, p. 408.)

« Les paroles suppléent aux accords muets de la lyre ..
« A l'ordre du pontife, le clergé, le peuple, les enfants
« entonnent la psalmodie » (1). C'est ainsi qu'à l'arrivée des barbares qui déjà inondaient nos contrées, l'art musical, comme tous les autres, trouvait son salut dans l'église.

Au VIe siècle, notre évêque Saint-Prétextat se console dans son exil de l'île de Jersey, en composant des chants religieux qu'il soumit plus tard à l'examen d'un concile(2). (577-584). — C'est pendant qu'il préside au chant alternatif des psaumes, qu'il est frappé mortellement par un sicaire de Frédégonde (589).

Au VIIe, Saint-Ouen est sacré évêque à Rouen, avec Saint-Eloi, au milieu d'une nombreuse assemblée de clercs et des chœurs des chantres (3) (640).

Jusqu'au milieu du VIIIe siècle, l'église de Rouen, comme toutes celles des Gaules, avait sans doute emprunté ses chants, partie aux églises d'Orient, partie à Saint-Ambroise (4). Sous le pontificat de Saint-Remi, frère du roi Pepin, une réforme radicale s'opéra dans sa liturgie; une école de chant grégorien s'ouvrit dans la cathédrale de Rouen sous la direction de Siméon, maître habile, que Remi avait lui-même ramené d'Italie. Rappelé par le pape pour diriger l'école romaine, Siméon enleva ses élèves à Rome pour les perfectionner dans leur art, et ils

(1) Venantii Fortunati carmina, lib. II, p. 59, édition de Browerus.

(2) Gregor. turon. col. 393, et apud Chéruel, hist. de Rouen, t. I, p. XIII.

(3) Inter agmina clericorum, inter choros psallentium, consecrati sumus (Vita Eligii ab Audoeno, lib. II, cap. 2.)

(4) Voir Dom Guéranger, t. I, p. 204, et Lecerf de la Vieuville, part. II, p. 88.

fondèrent plus tard des écoles dans les Gaules (1). Grâce à leurs efforts, soutenus des édits de Pepin et de Charlemagne, les chants et les rites romains régnèrent bientôt sans partage dans notre patrie. L'église de Rouen avait, en grande partie, donné l'impulsion à cette révolution, devenue fameuse dans les annales de l'Eglise (2).

Charlemagne multiplia les écoles de chant dans tous ses états. Celle du monastère de Fontenelle, depuis Saint-Wandrille, devint très florissante sous l'abbé Gerwold (3); mais la science du chant dut beaucoup souffrir de l'invasion des Normands. A chaque instant, moines et prêtres délogaient en tumulte pour se dérober à la fureur des barbares. Les livres périssaient dans les flammes avec les églises et les monastères. Ils étaient devenus si rares, qu'en certains lieux, le même missel servait à plusieurs églises à la fois, et voyageait sans cesse de l'une à l'autre (4). Après la conversion des chefs normands, on vit bientôt refleurir un art inséparable du culte extérieur. Au milieu du xie siècle, l'abbé Isembert l'enseignait avec gloire dans son monastère de la Trinité du mont Sainte-Catherine (Bonsecours). Il y forma des élèves très habiles, et popularisa par ses chants l'histoire de Saint-Nicolas, encore inconnue dans nos contrées (vers 1040) (5).

Sous le pontificat de Maurile (1065), l'église métropo-

(1) Apud Sirmond concilia Galliœ, t. II, p. 58.

(2) Remigius cantum et ritus romanos in Gallias introduxit (Gall. Christ, t. XI, col 20.)

(3) Gallia christiana, t. XI, col. 172.

(4) Denina. Révolutions de la littérature, p. 98.

(5) Apud chronicon triplex et unum Manuscrit de la bibliothèque de Rouen, folio 40, 41, etc.; et apud Chéruel. hist. de l'enseignement public à Rouen, au Moyen-âge

litaine retentissait jour et nuit du chant des psaumes, des répons, des hymnes, des graduels. Les chanoines, les clercs, les enfants y prenaient part alternativement. La liturgie avait des formes arrêtées, une organisation complète. C'est ce que nous apprenons de notre archevêque Jean d'Avranches, dans son livre si curieux des *offices ecclésiastiques*.

A la fin du XIIe siècle, la bibliothèque de la cathédrale abonde en livres de chant, tels que graduels, missels, bénédictionnaires, tropaires, hymnaires, etc; on y conservait aussi les livres de Boëce et de Martianus Capella sur la musique (1).

C'est en 1377, sous le pontificat de Guillaume de Lestrange, que les registres capitulaires mentionnent, pour la première fois, une maîtrise proprement dite, composée de quatre enfants, et à leur tête un maître appelé Médard (2). Le 1er décembre 1386, le chapitre choisit un organiste nommé Labbé, et s'engage à remunérer son talent par un traitement annuel de 10 livres. L'usage des orgues remonte-t-il plus haut dans l'histoire de notre cathédrale ? Je l'ignore (3) ; ce qu'on sait bien, c'est qu'à la fin du XIIe siècle, le clergé normand s'effarouchait encore de ce superbe instrument, comme d'une nouveauté profane. Les critiques du temps tombèrent sur les moines de Fécamp qui en avaient construit un dans leur abbaye (4). On sait aussi que la métropole de Lyon, les Chartreux, les Oratoriens en repoussèrent constamment l'usage, et que le bénédictin Dom Bastide, en plein règne de Louis XIV, écrivit sa

---

(1) Catalogue des livres de la cathédrale de Rouen, sous les archevêques Rotrou et Gautier, au livre d'ivoire, fº 128, et dans le cartulaire de Notre-Dame, fº 53, recto. Biblioth. de Rouen.

(2) Reg. capitul., 13 nov. 1377.

(3) Voir la note qui suit la liste des organistes, *ad calcem*.

(4) Neustria pia, p. 230.

dissertation *de organis è monachorum monasteriis eliminandis*.

En 1410, le nombre des enfants est porté à six. Ils chantent sous la direction de Jean Guerout (1405), de Robert L'Abbé (1419), de Jean Langlois (1423), de Nicolas Decan, maître-ès-arts (1425), de Jean d'Eudemare, aussi maître-ès-arts et chanoine (1433). A partir de Jean d'Eudemare, le chapitre continua de choisir dans son propre sein les maîtres des enfants. Le grand chantre Robert-le-Sueur les instruisit pendant sept ans dans sa propre maison, et fut autorisé, dans un temps de famine, à engager un calice d'or pour payer leur nourriture (1).

Les chanoines Radulfe de Hangest (1444), Pierre de Lagny (1446), Guillaume Poulart (1454), Jean Quatreul (1454), Mathieu Gaudin (1456), Pierre Escoulant (1457), remplirent, comme Robert-le-Sueur, la charge de maître des enfants. Pierre Escoulant, maître-ès-arts, les instruisait dans la maison d'un autre chanoine nommé Guillaume du Désert. Il mourut curé de Sainte-Marguerite-sur-Duclair, léguant à la bibliothèque capitulaire plusieurs importants manuscrits (2).

Qu'on ne s'étonne pas de voir ces dignitaires de l'église occupés à gouverner et à instruire leurs enfants de chœur. Ce fut dans le même siècle (vers 1420), que l'illustre chancelier Gerson écrivit son traité de l'éducation des enfants de chœur de Notre-Dame de Paris (3), et traça des règles minutieuses, pour leurs études, leurs jeux,

---

(1) Unum calicem auri ad impignorandum pro nutriturâ eorumdem puerorum. (Regist. cap., 1a junii 1450.)

(2) L'un contenait les épitres de Saint-Jérome, l'autre était intitulé : De casibus virorum illustrium.

(3) Doctrina pro pueris ecclesiæ parisiensis ; inter opera Gersonis, t. IV, col. 717.

leurs vêtements, et le régime propre à la conservation de leur voix. On trouve des règlements analogues dans les actes du chapitre de Rouen, qui défend aux enfants l'usage de l'huile et de la chair de porc, pour prévenir l'altération ou l'embarras de leur voix : *Ne voces illorum corrumpantur vel impediantur* (21 et 26 septembre 1471 et 6 mars 1483). Le pape Saint-Grégoire-le-Grand avait lui-même enseigné le chant, et, au siècle dernier, on montrait encore à Rome le fouet avec lequel il stimulait la paresse des enfants qui prenaient ses leçons (1). Mabillon raconte que ceux de l'abbaye de Cluny, choisis exclusivement dans les familles nobles, étaient élevés et instruits avec des soins extraordinaires (2). Gui, chanoine et archidiacre de Rouen, puis préchantre du Mans et successeur du célèbre Hildebert dans l'évêché de cette ville, apprenait aux enfants à chanter (3). On allait de Normandie apprendre le chant, sous Arnould, grand chantre de Chartres, et disciple du célèbre Fulbert (4). Les maîtrises des cathédrales et des abbayes étaient les seules écoles de chant. Des hommes illustres en tout genre en sortirent ; nous citerons seulement le pape Urbain IV, enfant de chœur de la cathédrale de Troyes (5) ; Erasme, enfant de chœur à Utrecht (6) ; Roland de Lassus ; Giroust; Grétry ; Méhul; Lebrun : les deux Haydn ; Lesueur, etc., etc... tous, élèves de diverses maîtrises.

---

(1) Danjou, De l'état du chant en France, et Jean Diacre ; vita Gregor. Magni, lib. II, cap. 6.

(2) Annal, benedict, t. V, p. 252.

(3) Traité du chant par Lebœuf, p. 21, et apud Analecta, p. 320

(4) Ibid. p. 24, et Ordric Vital, apud Duchesne, p. 485.

(5) Lebœuf, traité du chant, p. 13.

(6) Fétis, biographie des musiciens, au mot : *Hobrecht*.

Les enfants de chœur jouissaient de privilèges singuliers, comme de porter le manipule au bras gauche, à Cluny (1), et entre les doigts de la main gauche, à Saint-Jean de Lyon, en chantant les prophéties du samedi-saint (2). A Rouen, ainsi qu'à Vienne, le jour des Saints-Innocents, ils remplissaient toutes les fonctions du chœur, et occupaient les hautes stalles; l'un deux portait même le titre d'évêque (*dominus episcopus*), marchait revêtu d'une chape magnifique, la mitre en tête et le bâton pastoral à la main, il entonnait l'invitatoire, le Te Deum, la prose, etc., et bénissait solennellement le peuple (3); tout chevalier qui entrait dans le chœur avec des éperons, était tenu de les lui abandonner. Contre la coutume établie, Vincent Roussel, de Harfleur, refusa ses éperons au *petit-évêque*, et le frappa même de son épée; il fut contraint, dès le lendemain, de venir faire satisfaction au Chapitre (30 Janvier 1391). Au milieu du XVe siècle, la chape du *petit-évêque* fut vendue, et la *Fête des Enfants* remplacée par quelques jours de congé qu'ils passaient souvent chez les moines de Jumiéges, de Saint-Wandrille ou de Bon-Port (1452-53); mais ils conservèrent le droit de s'emparer des éperons qu'ils trouvaient dans le chœur; ils voulurent même l'étendre aux nefs de l'église; le chapitre le leur défendit sous peine d'être châtiés rigoureusement (14 janvier 1632).

Du reste, leur condition était fort pénible : soumis à une discipline rigoureuse, levés longtemps avant l'aube, vêtus légèrement, la tête rasée, ils assistaient, en toute saison, aux offices du jour et de la nuit. *Selon une ancienne cou-*

---

(1) Lebrun-Desmarettes, voyages liturgiques, p. 150.

(2) Ibid., p. 63.

(3) Apud Johann. Abrinc. lib. de officiis ecclesiasticis, édition de 1679, p. 36, 121, 202, par Lebrun-Desmarettes.

tume ; il y avait des verges en permanence derrière le maître autel, pour châtier leurs omissions et leurs fautes (1). Moins docile aux conseils de Saint-Augustin qui ne voulait pas qu'on fît entrer la science par le sang, qu'à ceux de Gerson qui autorisait l'usage modéré des verges (2), le Chapitre le permettait aussi (3), et, à la maîtrise de Rouen comme à celle de Vienne, l'illustre Haydn eût pu se plaindre de recevoir *plus de taloches que de bons morceaux* (4). Souvent la correction par les verges s'administrait devant tous les chanoines réunis (5). Quelquefois les enfants prosternés à terre et les mains jointes, obtenaient une sentence de pardon (6) ; ou bien, ils s'insurgaient et fuyaient. Cinq d'entr'eux s'enfoncèrent un jour dans le pays de Caux par une marche de douze lieues ; on les rejoignit au village de Cliponville (7).

Jusqu'au milieu du XVe siècle, le simple plain-chant paraît être seul en usage dans l'église de Rouen, et les études des enfants se bornent à l'antiphonaire et au graduel (8). Si l'on y connut le déchant qu'on fait remonter au Xe siècle (9), qui prit le nom de contre-point au XIVe (10), et que

---

(1) Juxta morem antiquum reponantur virgæ retro majus altare (reg. cap., 26 déc. 1477.)

(2) Fiant punitiones de virgis temperatè (Gerson, t. IV, col. 720.

(3) De virgis cum matura correctione (reg. cap. 1443.)

(4) Fétis au mot *Haydn*.

(5) Registres capitulaires, 1er mai 1481.

(6) Genibus flexis, et manibus junctis, ibid. 4 avril 1503.

(7) Tendendo apud caletum ultrà undecim leucas, ab hâc urbe, advenerant parrochiam de Cliponvillâ. (Ibid. 20 et 21 juillet 1503.)

(8) Ibid., 10 juillet 1399.

(9) Castil-Blaze, *Hist. de la chapelle royale de musique*, p. 41.

(10) Fétis, *Résumé de l'Histoire de la musique*, p. CXCVIII.

l'église de Paris rejetait encore au temps de Gerson (1), nous n'en trouvons aucune mention dans nos archives. Mais vers 1450, la musique fut introduite dans presque toutes les églises d'occident (2), et celle de Rouen se laissa entraîner au mouvement général. Le Chapitre ordonne qu'un motet sera chanté par les enfants, lorsque la reine d'Angleterre visitera l'église (22 mars 1444). Peu après, des virtuoses de la ville viennent bénévolement au chœur, aider à l'exécution des motets dont le goût va croissant (1466). Le chanoine Jean Quatreul, maître des enfants, reçoit l'ordre positif de les instruire dans la science musicale (3). On accueillit avec transport les premiers essais de cet art enchanteur. On priait les enfants de répéter leurs motets devant le portail Saint-Romain pour l'amusement du peuple (1477). Les évêques de Laon et de Coutances, à leur passage à Rouen, sollicitent comme une grâce de les posséder un moment et de les entendre (1446-1452). Le Chapitre les envoie au bailli d'Évreux, pour le consoler d'une perte cruelle par leurs doux accents (4) ; il en refuse un aux ardents désirs de Jean Henri, grand-chantre de la cathédrale de Paris (5). Un marchand du Neubourg en enleva deux que les courriers du Chapitre

---

(1) Gerson, ubi suprà.

(2) *Traité de la coutume de prier debout*, par Lelorrain, chapelain de la cathédrale de Rouen, t. I, p. 295.

(3) Ministrabit eis doctrinam in musicâ. — *Reg. capit.*, 1er septembre 1467.

(4) Si eos velit audire, pro consolando eum. [*Reg. capit.*, 1er nov. 1449].

(5) Scribatur Johanni Henri, cantori Parisiensi, excusando capitulum, super quodam puero Albæ quem affectabat habere. [Ibid. 24 août 1467.]

ramenèrent heureusement du bourg d'Elbeuf (1) (1488). Leur nombre était alors de 8. Une bulle papale, transmise de Rome par le cardinal d'Estouteville, leur accordait cent livres de rente sur la cure de Saint-Maclou (1471).

L'orgue de petite dimension et relégué dans une chapelle du bas-côté nord (2), ne répondait pas à la grandeur du vaisseau. L'archevêque Robert de Croixmare, transformant pour plusieurs années son palais en atelier, y fit construire un nouveau jeu d'orgue, d'une admirable magnificence (*miræ magnificentiæ*), qu'on plaça au fond de la grande nef (3). Jean Fleury, Robert Martin, Guillaume Duval, Raoul de Sainne, sont les premiers artistes appelés à toucher le puissant instrument ; en même temps, les enfants apprennent l'art du chant sous les chanoines Jean Letourneur et Pierre Mésenge, tous deux particulièrement chers à Georges Ier d'Amboise, qui éleva le premier à la dignité de grand-chantre (1500).

La musique, partout cultivée avec passion au XVIe siècle (4), prit à Rouen un essor extraordinaire sous les deux cardinaux d'Amboise. Alors les registres capitulaires nous montrent les chanoines constamment en quête de musiciens à Paris, à Chartres, à Noyon, à Troyes, à Vienne, en Lorraine, et surtout dans les villes de Flandre, d'où sortirent les plus grands artistes de cette époque (5). La musique absorbe toutes leurs pensées, elle revient à chaque page de leurs délibérations. Pierre Mésenge leur offre un troisième jeu d'orgue d'une grande beauté (*pulchræ ma-*

---

(1) ... A burgo de Elleboto. [*Reg. capit.*, 23 octobre 1488.]

(2) La chapelle St-Sever. [Voir les *Reg. capit.*, au 23 sept. 1630.]

(3) *Reg. capit.*, 25 juin 1488, 28 janv. 1490, 6 déc. 1491, 20 déc. 1492, et 23 nov. 1493.

(4) Fétis, *Résumé de l'histoire de la musique*, p. CCVI.

(5) Ibid., p. XXI.

gnificentiæ) qu'ils installent au sommet du jubé (1); puis ils le font dorer et azurer entièrement, ainsi que le grand orgue dont les tuyaux mesuraient 32 pieds de haut (2). Leurs enfants de chœur ne paraissent plus sans revêtir par-dessus leurs aubes des tuniques de damas rouge à fleurons d'or (3). A la tête de leur maîtrise, ils placent des musiciens de la chapelle royale C'est Mathurin Dubuisson qu'ils détachent de la cour, en lui glissant un présent de vingt écus d'or, avec la promesse d'un bénéfice que le cardinal ne fit pas longtemps attendre (4). C'est Guillaume Leroi, ancien chantre-basse de Louis XII, habile contrapuntiste dont il nous reste encore un motet à cinq voix sur le texte : *O Oriens* (5).

Cependant, l'archevêque Georges II, qui était à la tête de ce mouvement, leur faisait présent d'un livre de musique, du prix de 50 écus d'or, et de 2,000 livres pour augmenter le nombre des musiciens (29 mars 1525.) Il correspondait à l'étranger pour découvrir les meilleurs musiciens, les plus habiles organistes (6); lui-même il les examinait et les jugeait (7). Ceux-là surtout étaient les bienvenus qui possédaient la science de l'harmonie et du contrepoint (8).

---

(1) *Reg capit.*, 24 juillet 1519.

(2) Ibid., 17 mars 1515, 23 déc. 1517, et Pommeraie, cathéd., p. 30.

(3) Tunicas de panno Damasceno rubro ad floronos aureos. [*Reg. capit.*, 5 juin 1503.]

(4) Ibid., 14 sept. 1507.

(5) Fétis, *Biographie des Musiciens*, v° G. Leroi.

(6) *Reg. capit.*, 16 avril 1529, 2 juin et 12 juillet 1530.

(7) Ibid., 1 juin et 28 juillet 1529.

(8) Voce organisatâ et modulatâ, et de contrapunctu, ibid., 9 janvier 1530 et passim.

Bientôt la musique de l'église ne suffit plus au cardinal, il lui faut sa chapelle, ses enfants de chœur, ses orgues, et son organiste à lui (1535) ; il remplit son palais de musiciens qui le suivent dans ses belles résidences de Gaillon et de Vigny (1). Plus d'une fois, il lui arriva de ravir à sa cathédrale ses plus rares voix d'enfants. C'est en vain que les chanoines désolés lui adressaient des remontrances et le conjuraient d'avoir pitié de son église qu'il laissait au dépourvu (2).

La ville comptait alors plusieurs écoles de chant soumises à l'autorité du grand-chantre de la métropole (1523), et une corporation particulière d'organistes qui solennisèrent la fête de Sainte-Cécile dans la nef de l'église, en 1539. Ce fut surtout, si j'ose le dire, le temps de la gloire des enfants de chœur Tel était le charme de leur voix et de leurs accents, qu'en 1517, les gens de François Ier, profitant des ténèbres, en dérobèrent deux dont l'un se nommait Dominique Dujardin (3). Les chanoines plaidèrent bravement pour les recouvrer, et gagnèrent leur procès. Le maréchal de Lautrec leur écrivit même une lettre d'excuses (4); mais sur les ordres exprès du roi lui-même, il leur fallut bientôt laisser partir Regnart d'Andeli, Nicolas Testart, et un troisième nommé Ardant, enlevés tout jeunes pour la chapelle royale, et dans toute la beauté de leurs voix (1532, 1543, 1546) ; ils ne purent refuser aux

---

(1) *Reg. cap.*, 14 février 1535, 22 octobre 1522, et passim.

(2) *Reg. capit.*, 1 juin 1535... Ecclesia remaneret omninò improvisa... nullus remanebit qui possit cantare. 5 janvier 1537. — Remonstrandum fore Domino cardinali ecclesiam suam pro nunc destitutam esse. 31 janvier 1548.

(3) Substracti et furto sublati de serò, 24 août 1517.

(4) *Reg. capit.*, 10 septembre 1517.

instances de Henri II, Guillaume Denis, Robert de Frémont, Guillaume Pellerin (1554, 1556, 1557).

Ce petit collége de huit enfants faisait l'admiration et l'envie des plus illustres personnages. Le cardinal de Bourbon, abbé de Saint-Denis, le cardinal de Lorraine, l'amiral d'Annebault, Louis de Brézé, évêque de Meaux, grand aumônier, le mirent tour à tour à contribution, à l'exemple du roi (1). Le dauphin en détacha un enfant nommé Pierre de Tocqueville, pour la musique de son château de Compiègne (27 nov. 1537). Le roi en demande un pour suivre à Rome le cardinal Jean du Bellai, évêque de Paris (2). Claude de France, reine d'Écosse, en emmène un autre dans ses états, malgré les larmes du père qui ne peut consentir qu'un si faible enfant soit enlevé hors de sa patrie (3). Pour en conserver quelques-uns, les chanoines sont obligés de les cacher dans leurs propres maisons, sous prétexte de maladie (4). J'insiste trop peut-être sur ces traits, mais ils peignent la Renaissance avec son enivrement musical et sa passion effrénée des beaux-arts. Alors, on voyait Henri II se mêler aux chœurs des chantres de sa chapelle. Charles IX se mettait de même parmi eux, dit Brantôme, et chantait la taille et le dessus fort bien. Henri III chantait très bien aussi (5); c'était l'époque de

---

(1) *Reg. capit.*, ann. 1533, 1535, 1540, 1536, 1554.

(2) ... Causâ eum cum Domino cardinali Parisiensi episcopo apud Romam transmittendi. [Ibid. 5 juillet 1547.]

(3) Non volebat quod filius ejus adhuc debilis transferatur extrà hanc patriam. [*Reg. capit.*, 29 mars 1536.]

(4) ... Domini concluserunt principales choristarum transportari in aliquâ domo canoniali, fingendo quod sunt infirmi. [Ibid., 15 juillet 1534.]

(5) Lecerf de la Vieuville, *Comparaison de la musique italienne et française*, partie 2, p. 96 et 97.

Josquin Desprez, de Du Caurroy, de Claude de Sermisy, de Roland de Lassus, grands artistes qui mirent un moment, aux mains de la France, le sceptre de la musique ; mais les écoles d'Italie et d'Allemagne devaient bientôt nous le ravir (1).

A Rouen, parmi les horreurs des guerres civiles, on continua de chanter ; des seigneurs complotèrent d'enlever les enfants de chœur dispersés par l'invasion protestante (10 nov. 1562). Le cardinal de Bourbon porta leur nombre à douze (2), et nous les retrouvons chantant, non seulement au chœur, mais encore en plein air, devant la madone de la porte Saint-Hilaire (3), chez quelques chanoines curieux d'entendre *aucuns psalmes en français* (4), aux *compaygnies et banquets, tant dedans que dehors la ville* (5), devant le roi Henri III qu'ils divertirent par leurs chants, pendant sa collation à l'hôtel de ville (6), enfin dans une grande solennité musicale qui eut lieu dans l'église cathédrale le jour de Noël 1596. Henri IV y assistait à la messe célébrée par le cardinal de Florence, légat du Pape, « laquelle haulte messe fut chantée en musique, « cornets, buccines, et aultres instruments musicaulx par « les chantres de la chapelle du roi, avec ceulx de l'église « et enfants de chœur » (7).

Dans la dernière moitié du XVIe siècle, les maîtres de la

(1) Danjou, *De l'état du chant en France*, p. 32.

(2) 13 janvier 1571.

(3) 9 sept. 1581.

(4) 25 janvier 1564. La musique des psaumes de Marot les rendit très populaires. [Voir Lecerf de la Vieuville, 2me partie, p. 97.]

(5) *Reg. capit.*, 20 août 1588.

(6) Ibid., 17 juin 1578.

(7) Ibid., 25 déc. 1596.

musique de Notre-Dame sont Dominique Dujardin, autrefois enlevé par les courtisans de François Ier (1) ; Nicolas Morel, deux fois vainqueur dans le combat de la lyre et du luth au puy de musique d'Évreux (2), et le dernier des chanoines qui ait gouverné les enfants (3), et Claude Bavin, dont les compositions enlevèrent les suffrages des plus experts musiciens de la ville et de la chapelle du roi (4).

A ces artistes succèdent Henri Frémart, appelé à la maîtrise de Paris après 14 ans d'exercice à Rouen, et qui a laissé sept messes à quatre, cinq et six voix (5) ; Lazare Yves, chanoine de Notre-Dame-de-la-Ronde (6), et Michel Martin, ancien enfant de chœur de Rouen, qui avait enseigné à Paris et dirigé la maîtrise de Laon.

Mais la réputation de ces habiles maîtres était loin d'égaler celle de Jean Titelouze, chanoine et organiste de notre métropole. C'était un prêtre du diocèse de Saint-Omer qui avait obtenu l'orgue au concours en jouant tout ce qu'on voulut à l'ouverture du livre ; il le tint pendant 45 ans qui furent pour lui un continuel triomphe (1588, 1633). André Raison et Nicolas Gigault, célèbres organistes du XVIIe siècle, sont des élèves de Titelouze (7) ; on a de lui une messe à quatre voix, des hymnes et d'autres œuvres. Son rare talent inspira de beaux vers à plusieurs poètes

(1) En 1517.

(2) Bonnin, *Puy de musique d'Évreux*, p. 58 et 59.

(3) De 1580 à 1597.

(4) De 1598 à 1601.

(5) Voir Fétis, au mot Frémart.

(6) Maître à Rouen, de 1632 à 1644.

(7) Voir *Biographie universelle des musiciens*, par Fétis.

rouennais. Bardin, depuis membre de l'Académie française, s'adresse à ses hymnes :

Beaux airs qui, sortant de ces lieux
Remplis d'une douceur divine,
Portez notre âme vers les cieux
D'où vous tirez votre origine :
Que vos mélodieux accords
Produisent des effets étranges !
Mes sens vivent dedans mon corps
Et pensent être avec les anges.
Vraiment je ne m'étonne pas
Que dedans l'infernal empire
Orphée ait charmé le trépas
Avec les accents de sa lyre.
Si vos bruits se faisaient ouyr
Dedans ces demeures funestes,
Les damnés penseraient jouir
Du bien des régions célestes.

Saint Amand, aussi membre de l'Académie française, complimente, en ces termes, notre chanoine-organiste :

.... Quand je dirais que tes doigts
Donnent naissance à mille voix
Qui nous font mourir d'allégresse,
Et que tu mets hors de crédit
Les plus fameux maîtres de Grèce,
Je penserais n'avoir rien dit.
Tu charmes si bien les mortels
Lorsqu'ils vont devant les autels
Rendre à Dieu leurs dévots hommages,
Que, sans certains tours d'yeux qu'ils font,
On les prendrait pour des images (1).

Le jugement de l'histoire n'a pas démenti les éloges un

(1) On trouve ces pièces en tête des hymnes de Titelouze, publiées en 1623.

peu suspects de la poésie : « Il y a beaucoup de talent dans « les pièces d'orgue de Titelouze, dit le docte Fétis, maître « de chapelle du roi des Belges ; son style a de l'analogie « avec celui de Froberger. » Or, Froberger, élève de Frescobaldi, passait pour le plus savant organiste de l'Europe au XVIIe siècle (1).

En parcourant les annales du chapitre de Rouen, on y trouverait difficilement une époque plus brillante et plus féconde que celle de Titelouze. A côté de cet habile musicien, siégeait au Chapitre une foule de savants qui défrichaient avec ardeur le champ de l'érudition et des lettres. Est-il nécessaire de nommer les chanoines Dadré (2), Nagerel (3), d'Eudemare (4), Behotte (5), Ridel (6), Mallet (7), Lebrun (8), Pierre Acarie, fondateur de la bibliothèque (9), Barthelemy Hallé (10), le grand-chantre Gaulde, qui fait exécuter des messes de sa composition (11), Jean Leprevost, homme aussi simple que savant, qui veut que ses cendres reposent au pied de l'escalier de la

---

(1) Fétis, *Biographie des musiciens*, articles Titelouze et Froberger.

(2) Auteur de la *Chronologie historiale* des évêques de Rouen.

(3) Auteur de la *Description du pays et duché de Normandie*,

(4) Auteur d'une *Histoire de Guillaume-le-Conquérant.*

(5) Auteur d'une *Apologie de saint Romain contre Rigaud*, d'une *Défense du Privilége*, d'écrits sur les *droits des archidiacres*, etc.

(6) Coopéra à la première édition de Jean d'Avranches, en 1641.

(7) Collaborateur du précédent.

(8) Auteur d'un livre intitulé : *Archidiaconus, sive de archidiaconorum dignitate et officiis liber.*

(9) En 1632.

(10) Fit une très riche collection de livres, qu'il donna à la bibliothèque capitulaire.

(11) *Reg. capit.*, 26 nov. 1640.

bibliothèque (1), François Métel de Boisrobert, qui préside dans sa maison de Paris les premières séances de l'Académie française, et à qui le grand Corneille adresse des vers (2); Enfin, à la tête d'une si docte assemblée, l'archevêque François de Harlai, écrivain érudit, éloquent orateur, qui harangue à volonté dans la langue de Cicéron ou de Démosthène, et prend place parmi les plus généreux protecteurs des arts dans notre cité, en donnant 40,000 liv. sur ses bois de Gaillon pour la musique et la bibliothèque de son église (3).

Le puy de Sainte-Cécile, dont nous n'avons pas parlé, parce qu'il mérite à lui seul une histoire, était alors dans toute sa splendeur. En 1631, quatre grands théâtres, dressés dans la nef de la métropole par les soins de Titelouze, suffirent à peine pour contenir tous les chanteurs et instrumentistes rassemblés pour la fête de Sainte-Cécile (4). Il faut dire aussi que, sous Louis XIII, le plus musicien de nos rois, qui mit lui-même en musique quatre des psaumes de Godeau (5), l'entraînement musical était plus grand encore, s'il est possible, qu'au siècle de François Ier. Alors la France se couvrit d'une nuée de musiciens ambulants, qui allaient, le sac sur le dos, de presbytère en presbytère, d'abbaye en abbaye. C'étaient quelquefois des maîtres habiles, des prêtres, des prébendés; ils se faisaient entendre une ou deux fois dans une cathédrale, dans un monastère, chez quelque

(1) Éditeur de Jean d'Avranches, auteur d'une *Histoire de Normandie*, restée en manuscrit.

(2) Voir *OEuvres diverses de Corneille*, in-12, p. 164.

(3) *Notice sur Gaillon*, par M. Deville, dans la *Revue de Rouen*, avril 1847.

(4) *Reg. capit.*, 11 nov. 1631.

(5) Apud Lecerf de la Vieuville, 2me part., p. 97.

seigneur ou capitaine, jaloux d'entretenir bonne chapelle (1), puis ils continuaient leur pélerinage (2). Le 21 juin 1629, je cite un exemple entre mille (3), notre cathédrale en entendit un qui avait dirigé les maîtrises du Havre et de Marseille, d'Aix et de Montauban, de Grenoble et d'Auxerre ; il s'appelait Annibal Gantez, prieur de la Madeleine en Provence, auteur de *l'Entretien des Musiciens*, livre très curieux sur la musique et les mœurs musicales du temps, et d'une messe que la fille du maréchal de Saint-Géran paya 30 pistoles (4).

Dans la dernière moitié du XVIIe siècle, François de Minorville, prêtre lorrain, Michel et Germain Yart, artistes rouennais, et Jacques Boivin, tiennent successivement l'orgue de la cathédrale. Ce dernier trouva, dans un nommé Maréchal, un rival redoutable. Le concours eut lieu dans la bibliothèque, en présence d'une commission de chanoines. Les deux concurrents se donnèrent l'un à l'autre le sujet de composition qu'ils traitèrent sans instrument. Le célèbre Dumont, maître de la chapelle royale, auquel on soumit leur travail, décerna la palme à Boivin (1674).

Jacques Lesueur dirigeait alors la maîtrise de la cathédrale, dont il avait été autrefois enfant de chœur. Homme d'un génie heureux et fécond, latiniste habile, il pouvait prétendre à une place de maître dans la chapelle du roi. Lulli y avait introduit l'orchestre. Dumont et Robert venaient de se retirer par scrupule de conscience. Lesueur

---

(1) Voir le *Mercure* de décembre 1738, p. 2552.

(2) *Histoire de la Chapelle royale*, par Castil-Blaze, p. 91 et suivantes

(3) Voir, dans les *Reg. capit.* du temps, la multitude des musiciens passants.

(4) *Mercure* de décembre 1738, p. 2551.

se présenta au concours ; huit concurrents, choisis entre un grand nombre, furent enfermés avec lui dans une maison où ils ne parlaient à personne, et travaillèrent de leur mieux pendant six jours, sur le psaume *Beati quorum remissæ sunt iniquitates*. Lalande, Goupillet, Colasse et Minoret, l'emportèrent. Lesueur fut écarté pour quelques imitations de mauvais goût, mais il n'en est pas moins un des meilleurs maîtres de l'époque. Découragé et guéri pour jamais de la manie des images pittoresques, il revint à Rouen, jeta au feu toute sa musique, et n'en composa plus, dit un auteur, que de sage et de sévère jusqu'à la sécheresse (1). Il paraît que la plupart des œuvres de Lesueur ont péri. Fétis ne mentionne de lui qu'une messe et une symphonie lugubre, qu'il fit exécuter chez les dominicains de Rouen, en 1683. Il mourut dans cette ville, en 1693, après avoir introduit dans le chœur de la cathédrale l'usage de l'orgue et de la basse-viole (2).

Muni d'une permission de monseigneur Rouxel de Médavi, Lesueur s'était marié à l'insu du Chapitre dans la chapelle du château de Canteleu (2 mai 1692). Le lendemain de sa mort, les chanoines arrêtèrent qu'à l'avenir, personne n'exercerait les fonctions de maître de la musique, à moins d'être prêtre. Cependant, quelques mois après, ils écartèrent plusieurs prêtres pour élire un simple clerc dont la renommée les éblouissait ; c'était François Lalouette, ex-secrétaire de Lully, aux opéras duquel il avait beaucoup travaillé. Lalouette était un des meilleurs violonistes du temps, et passait pour un beau génie. Lecerf de la Vieuville

---

(1) Lecerf de la Vieuville, 2me partie, p. 130, et Castil-Blaze, ubi suprà, p. 130-134.

(2) *Reg. capit.*, passim.

préférait son *Miserere* à un volume de pièces italiennes (1). Sa réputation le fit appeler à la maîtrise de Notre-Dame de Paris ; celle de Rouen fut confiée à Michel Lamy, ex-maître de la musique de Saint-Innocent, à Paris. C'était un prêtre austère, qui prenait fort au sérieux l'art de la musique sacrée. Il porta résolument sa démission au Chapitre, plutôt que d'employer aux grandes fêtes le secours des musiciens de l'Opéra (2). On a de lui un grand volume de motets et de cantates (3).

François Dagincourt organiste de Saint-Ouen, obtint l'orgue de la cathédrale au concours, en 1706, et le garda pendant 52 ans, sauf ses apparitions à la chapelle de Louis XV. C'était un temps de mauvais goût et de décadence. Dagincourt inférieur à Couperin, égalait presque en mérite Calvière, organiste du roi ; il l'emporta même un jour sur lui dans un concours, au sentiment de Couperin lui-même qui était au nombre des juges (4). Demazures de Marseille remplaça dignement Dagincourt, et commença Broche qui devait se perfectionner en Italie, sous le savant père Martini, un des premiers harmonistes de l'Europe. Broche éblouit le public rouennais par la plus étonnante facilité d'exécution et d'improvisation dans tous les genres. il jouait une heure sans se répéter sur un motif de quelques notes. A propos de la bataille de Jemmapes, il peignit, par la combinaison de ses jeux, le bruit des instruments militaires, le choc des bataillons, le fracas de l'artillerie, les gémissements des blessés, les chants de triomphe des vainqueurs (5). C'était là du talent, sans

---

(1) Fétis, au mot Lallouette, et Lecerf, 2me partie, p. 551.
(2) Lecerf, 2me partie, p. 183.
(3) In-folio, Paris, 1721.
(4) Fétis, au mot Dagincourt.
(5) *Mémoires biographiques*, par Guilbert, au mot *Broche*.

doute, peut-être même du génie. Les hommes de l'art jugeront si c'était le génie de la musique religieuse. On accuse l'école du XVIIIe siècle d'avoir négligé ces *inspirations graves, cette harmonie posée, ces sons dévotieux de l'orgue*, qui, joints à la majesté sombre de nos temples, ébranlaient le sceptique Montaigne, et le mettaient en défiance de son opinion (1).

Si le goût de la musique sacrée avait faibli aux approches de la révolution, l'amour de l'art s'était du moins conservé dans notre ville. C'est dans Rouen même, qu'eurent lieu les longs débats de l'abbé Raguenet et du conseiller Lecerf de la Vieuville, sur le mérite respectif de la musique italienne et de la musique française. Jamais l'église métropolitaine n'avait eu autant de compositeurs à son service. Outre les messes de Michel Hermier, de Michel Lamy et de Henri Madin, maîtres de la musique, on y chantait celles de Navet et de Branchart, simples chanteurs (1710-1722), de Quemin, de Philippe Abdé, de Louis Fromental, simples enfants de chœur (1695-1752-1727). En une année, Louis Fromental, doyen des enfants, offrit au chapitre cinq à six motets à grande symphonie (2); éblouis par un talent si précoce et si fécond, les chanoines le firent monter du rang d'enfant de chœur, au grade de premier maître de la musique (19 avril 1728); il mourut prêtre, et à la fleur de l'âge, en 1737. Henri Madin, prêtre de Verdun, d'une famille Irlandaise qui avait suivi Jacques II en France, passa alors de la maîtrise de Tours à celle de Rouen (1737); il était aussi maître de la musique de la chapelle et des pages de Louis XV, qui le récompensa par un canonicat de la collégiale de Saint-Quentin. Outre des messes, il a laissé un *traité du contre-*

(1) Montaigne. *Essais*, livre II, c. 12.
(2) *Reg. Capit.* passim.

point simple ou du chant sur le livre (1). Ses successeurs sous les cardinaux de Saulx-Tavannes et de la Rochefoucauld, furent les abbés Pélisson de Tours, Duluc de Bazas, Bellenger de Beauvais, Riquez de Tournai, et Cordonnier d'Amiens (2) qui ferme cette longue série de nos maîtres de chapelle. Cordonnier, simple clerc, ex-maître de la musique de la cathédrale d'Evreux, avait aussi enseigné à Paris, où il avait compté parmi ses élèves le célèbre virtuose Garat, dont la reine Marie-Antoinette voulut prendre les leçons ; vers 1786, il admit au chœur de la cathédrale de Rouen un jeune enfant nommé Adrien Boïeldieu, fils d'un employé de l'archevêché. A 50 ans de là (3), la même cathédrale se revêtit entièrement de deuil, 250 musiciens firent retentir ses voûtes de la marche de Bethowen et du requiem de Cherubini ; ils célébraient les funérailles de ce même Adrien Boïeldieu, qui avait rempli l'Europe de sa renommée musicale.

Ici se termine cette revue, trop incomplète des musi-

---

(1) *Reg. Capit.* et Fétis, V° Madin.

(2) Devenu commerçant et père de famille après la révolution, Cordonnier continna de cultiver son art. Sous l'Empire, il dirigea pendant quelques années la musique de la cathédrale de Valence. Une de ses dernières œuvres est le psaume *Beati omnes...* exécuté à l'hôtel de ville de Rouen, le 20 mars 1811, à l'occasion de la naissance du roi de Rome. C'est à l'obligeance de sa veuve que nous devons ces détails.

(3) Le 13 octobre 1834.— Boïeldieu avait eu pour condisciple à la maîtrise de Rouen, sous Cordonnier et Broche, Goulley, depuis professeur de chant, et compositeur remarquable de notre ville.

Goulley ou Goulé (Jacques-Nicolas), né vers 1774, à Saint-Jean du Cardonnay, entra à la maîtrise par la protection du marquis d'Herbouville. Il était doué d'une voix ravissante et d'une rare aptitude pour les études musicales; à quinze ans, il composa et fit exécuter une messe à grand orchestre. Plus tard, il donna plusieurs ouvertures, un Te Deum, son beau motet *Incipite Domino*, morceaux

ciens de notre métropole ; beaucoup furent des artistes studieux, des compositeurs féconds ; quelques-uns comptent parmi les grands maîtres de leur époque. Apôtres de l'art du chant, et longtemps les seuls représentants de la science musicale dans notre ville, ils y firent l'honneur du culte divin, l'admiration de nos pères, les délices des grands et des rois même. Je m'estime heureux d'avoir exhumé leurs noms des catacombes de nos archives. D'autres examineront leurs travaux au point de vue de l'art, leur donneront des éloges à la hauteur de leurs talents et plus dignes que cette humble chronique d'être entendus dans le sanctuaire de la science et des arts.

LISTE

Des Maîtres de la Musique et des Enfants de Chœur dans l'église cathédrale de Rouen :

1. SIMÉON Romain, sous le pontificat de Saint-Remi. . . . . 755-771.
2. MÉDARD. . . . . 1377.
3. Jean LAURENT. . . . . 1379.

à grand orchestre, et une cantate dédiée à M. Berton de l'Institut. Il excellait surtout dans les romances du genre grandiose ; il en composa au moins trente, à deux ou trois voix. Une est devenue très populaire :

O ma patrie !
O mon bonheur !...

Boïeldieu promettait les plus grands succès à son ancien condisciple, s'il eût quitté la province. On peut dire que Goulley tenait le sceptre de la musique à Rouen, sous l'Empire ; il y mourut le 30 mai 1818, à 44 ans. Nous devons ces renseignements à l'obligeance d'un de ses élèves, M. A. Godefroi aîné, qui a été organiste de notre métropole, et maître de musique des enfants de chœur pendant vingt ans. (1824-1844.)

4. Jean Maçonnet. . . . . 1399.
5. Jean Guéroult, prêtre. . . . . . . 1405.
6. Robert Labbé. . . . . 1419.
7. Pierre Pigache. . . . . Mai 1423,
8. Jean Langlois. . . . . Juin 1423.
9. Robert Labbé et Pierre Pigache ensemble. . . . . Octobre 1423.
10. Nicolas Decan, maître-ès-arts et Jean Desquesnes, ensemble. . . . . . 1425.
11. Robert Labbé pour la troisième fois, avec Jean Desquesnes. . . . . . 1431.
12. Jean d'Eudemare, chanoine et ancien enfant de chœur de Rouen, maître-ès-arts. . . . . 1433.
13. Pierre Prevost et Guill-Marcdargent ensemble. . . . . 1440.
14. Jean d'Eudemare, pour la deuxième fois. 1441.
15. Radulfe de Hangest. chanoine. . . . 1444.
16. Pierre de Lagny, chanoine. . . . . 1446.
17. Robert Lesueur, chanoine et grand chantre. . . . . 1446.
18. Guillaume Poulart, chanoine. . . . 1453.
19. Jean Quatreul, chanoine, sous-chantre . . . . Sept. 1453.
20. Mathieu Gaudin, chanoine. . . . . . 1456.
21. Pierre Escoulant, chanoine, maître-ès-arts. . . . . 1456.
22. Jean Quatreul, deuxième fois. . . . 1461.
23. Jean de Crotay, prêtre. . . . . . . 1462.
24. Jean Quatreul, troisième fois. . . . 1467.
25. Jean Morieult, prêtre. . . . . . . 1474.
26. Jean du Crotay, deuxième fois. . . . 1478.
27. Jean Letourneur, chanoine, grand-chantre. . . . . 1482.

28. Jean MORIEULT, deuxième fois. . . . 1494.
29. Pierre MÉSENGE, chanoine. . . . . . 1504.
30. Mathurin DUBUISSON. . . . . 1506.
31. Guillaume BEAUCAMP, prêtre d'Evreux. Sept. 1508.
32. Jean LEFRANÇOIS, prêtre. . . . . . . 1508.
33. François DULOT, de Saint-Omer . . . 1522.
34. Guillaume LEROI, diacre. . . . . . 1530.
35. Dominique DUJARDIN, prêtre. . . . . 1536.
36. Pierre OLIVET. . . . . Janvier 1548.
37. Guillaume LABBÉ. . . . . Mars 1548.
38. Herbert LECOUTEUX. . . . . 1559.
39. Dominique DUJARDIN, 2me fois. . . . Mars 1559.
40. Pierre CARON, curé de Roncherolles, près Darnétal. . . . . 1565.
41. Nicolas MOREL, de Paris, chanoine. . 1580.
42. Jacques CANIVET. . . . . 1597.
43. Claude BAVIN. . . . . 1598.
44. Eustache PICOT . . . . 1601.
45. Michel CHEFDEVILLE. . . . . 1604.
46. Henri FRÉMART, prêtre, chanoine de Saint-Aignan . . . . 1611.
47. Lazare YVES, chanoine de la Ronde. 1625.
48. Michel MARTIN . . . . 1632.
49. Clément LE BOULLENGER, prêtre.. . . 1634.
50. Jacques LESUEUR . . . . 1667.
51. François LALLOUETTE, clerc de Paris. 1693.
52. Pierre DURAND. . . . . Avril 1695.
53. Michel HERMIER, prêtre du diocèse de Rouen. . . . . Mai 1695.
54. Michel LAMY, prêtre . . . . 1697.
55. Louis LEGRAS, clerc du diocèse de Rouen Mars 1728.
56. Louis-Nicolas FROMENTAL . . . . . . Avril 1728.
57. Henri MADIN, prêtre du diocèse de Verdun . . . . 1737.

58. Louis-François Toutain, clerc d'Evreux. 1741.
59. Pierre Pélisson, prêtre du diocèse de Tours . . . . 1746.
60. Louis-François Toutain, 2me fois . . . 1750.
61. J.-B Duluc, prêtre du diocèse de Bazas . . . . 1753.
62. Pierre Ferai . . . . Janvier 1762.
63. Gilles Bellenger, prêtre du diocèse de Beauvais . . . . 1762.
64. Lambert-Ignace-Joseph Riquez, prêtre du diocèse de Tournai . . . . . . 1764.
65. Marie-Louis-Urbain Cordonnier, clerc du diocèse d'Amiens . . . . . . 1783.

ORGANISTES

DE LA CATHÉDRALE DE ROUEN :

1. Robert Labbé . . . . 1386.
2. Nicolas Hersent . . . . 1450.
3. Radulfe Lefèvre . . . . 1457.
4. Jean Fleury . . . . 1467.
5. Robert Martin . . . . 1483.
6. Guillaume Duval . . . . 1488.
7. Radulfe de Sainne . . . . 1499.
8. Simon Leclerc . . . . 1514.
9. Gervais . . . . 1515.
10. Jean Bachelet . . . . 1517.
11. Un anonyme désigné : Organista elegantissimus è partibus Flandriæ, mandé par Georges II d'Amboise. 1518.
12. Pierre Dumarais . . . . 1521.
13. Nicolas Dulot, de Saint-Omer . . . . 1524.

14. Jacques Brunel. . . . . 13 déc. 1524.
15. Simon Madelin . . . . 28 Déc. 1524.
16. Guillaume Moncuit, de Darnétal . . . 1539.
17. François Josseline, inhumé aux Célestins . . . . 1562.
18. Jean Titelouze. prêtre-chanoine . . . 1588.
19. . . . Leroy, prêtre, organiste de Saint-Omer . . . . 1634.
20. Jacques Lefèvre. . . . . Août 1634.
21. François de Minorville, prêtre lorrain. 1646.
22. Michel Yart. . . . . 1653.
23. Germain Yart . . . . 1672.
24. Jacques Boivin. . . . . 1674.
25. François Dagincourt. . . . . 1706.
26. Laurent Desmazures, de Marseille. . . 1758.
27. Charles Broche . . . . 1777.

Nota. — Ces feuillets étaient déjà imprimés lorsque nous avons trouvé, dans les comptes de la Fabrique, les noms de plusieurs organistes qui nous avaient échappé, savoir :

Étienne Lequien (1383–1386), Nicolas Novel (1406...), Nicolas Crasbonel, prêtre et prébendé (1414–1437...) Les mêmes comptes nous offrent le nom de Godefroi de Furnes, facteur, qui fit à l'orgue des réparations considérables en 1382, ce qui prouve qu'alors cet instrument n'était pas nouveau dans notre cathédrale.

❋

Extrait du *Précis analytique* des Travaux de l'Académie des Sciences, Belles-Lettres et Arts de Rouen, année 1850.

❋

Rouen. Imprimerie de A. PÉRON, rue de la Vicomté, 55.

www.ingramcontent.com/pod-product-compliance
Ingram Content Group UK Ltd.
Pitfield, Milton Keynes, MK11 3LW, UK
UKHW020523180726
13839UKWH00005B/2269